GW00568127

Livre de l'élève

Méthode de français pour les enfants

Marie-Laure Poletti
Directrice du département FLE au CIEP

Clélia Paccagnino
Professeur de français au Tessin (CH)

HACHETTE
Français langue étrangère

Maquette de couverture : Amarante

Maquette intérieure et mise en pages : Anne-Danielle Naname

Photogravure : Tin Cuadra

Illustrations des pages Grenadine : Joëlle Passeron

Illustrations des pages « Le voyage des enfants » : Denis Viougeas

Autres illustrations : Catherine Beaumont

Préparation de copie et corrections d'épreuves : Florence Nahon

ISBN 978-2-01-155469-7
© HACHETTE LIVRE 2003, 43 quai de Grenelle, F 75 905 Paris CEDEX 15.
Tous les droits de traduction, de reproduction et d'adaptation réservés pour tous pays.

Sommaire

Avant-propos

L'enseignement d'une langue vivante à l'école primaire contribue à la formation de l'élève et lui permet de se confronter à autrui, de découvrir et d'accepter d'autres habitudes. C'est dans cet esprit que la méthode de français *Grenadine* s'adresse aux enfants. La méthode comporte deux niveaux et couvre une soixantaine d'heures d'enseignement par niveau. Le livre développe principalement les compétences orales et le cahier, celles de l'écrit.

Grenadine offre un itinéraire d'apprentissage structuré et dynamique construit autour de neuf unités. Chaque unité comporte trois doubles pages correspondant aux trois moments clés de l'apprentissage.

- *Le voyage des enfants*   Compréhension orale qui s'appuie sur un dialogue enregistré.
- *Le chaudron de Grenadine*   Travail sur la langue (lexique, grammaire, phonétique) à partir de supports audio variés.
- *Au pays de Grenadine*   Réutilisation des acquis à travers une chanson et un jeu.

Trois bilans permettent de faire le point sur la compréhension orale et la production orale, toutes les trois unités.

L'unité 0, intitulée « Bonjour ! », permet d'établir un premier contact avec le français et l'univers de la méthode.

Les activités de ce livre sont conçues pour être faites à l'oral, sans avoir à écrire sur le livre, ou en reportant les réponses sur un cahier de brouillon au besoin. Les élèves pourront, bien entendu, écrire sur le livre s'ils le conservent à la fin de l'année.

Pour initier les élèves au monde de la francophonie, et leur fournir un nouvel instrument de communication et de découverte, actif, dynamique et ludique, nous avons choisi de proposer une histoire, celle de six enfants, venant de différents pays de la francophonie (Belgique, Canada, Viêt-nam, Suisse, Tunisie, Sénégal) qui se retrouvent à Paris pendant une quinzaine de jours. Ces six enfants, Marion, Sébastien, Hugo, Kim, Leila, Thomas, âgés de sept à dix ans, sont accueillis par un instituteur, monsieur Valette, qui les accompagne dans leurs visites. De courts dialogues présentés dans les pages *Le voyage des enfants* mettent en scène leurs aventures et leur découverte de la vie quotidienne française.

Cet univers réaliste, auquel les enfants pourront facilement s'identifier, est doublé d'un univers imaginaire, inventif et plein d'humour, celui de Grenadine. Sympathique et espiègle, cette « sorcière » permet d'introduire des moments d'évasion, de créativité et de bonne humeur grâce à ses chansons, ses jeux, et ses trouvailles farfelues. Elle accompagne les élèves dans leur apprentissage et vous aidera à rendre vivants et attrayants les cours de français. Et vous verrez, avec *Grenadine*, le français, c'est pas sorcier !

Marie-Laure Poletti
Clélia Paccagnino

NB. La présence du pictogramme ✎ signale que l'activité doit se faire à partir d'un enregistrement (CD ou cassettes audio). Les transcriptions des chansons et des dialogues figurent à la fin du livre. Celles des autres activités figurent dans le guide pédagogique.

Écoute

Regarde

Montre

Associe

Ferme les yeux

Répète

Lis

Chante

Joue

Dis

Le voyage des enfants

Regarde et écoute.

Monsieur Valette

LE DRAGON D'OR

Kim

Hugo

Marion

Thomas

Sébastien

six

Vous êtes tous là ?

1 Regarde et écoute.

Unité 1

- Mon cartable
- La ronde des chiffres
- « Regarde » ou « je regarde » ?
- La récré des sons ([R], **r**ègle)
- Dans mon cartable, je mets...
- Grenadine a dit...

2 Écoute et montre qui parle.

1 Leila

2 Kim

3 Monsieur Valette

4 Thomas

5 Une dame

6 Grenadine

neuf

Mon cartable

1 Écoute et regarde.

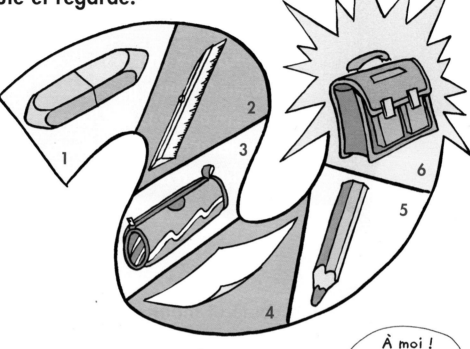

2 Joue.

La ronde des chiffres

3 Écoute et chante.

Un, deux, trois...
chantez avec moi !

Quatre, cinq, six...
et oui, c'est facile !

Sept, huit, neuf...
allez, tous en chœur !

Et puis dix...
c'est déjà fini !

Cahier p. 6 / Guide p. 24

« Regarde » ou « je regarde » ?

unité 1

4 Écoute et montre le bon dessin.

 1

 2

 3

 4

 5

 6

 7

 8

La récré des sons

5 Écoute et ferme les yeux.

6 Écoute et répète.

7 Écoute et lis.

cartable	règle	livre
Grenadine	bonjour	quatre

Dans mon cartable, je mets...

Écoute et chante.

Oh, non, Grenadine !

Dans mon cartable, je mets : une trousse et deux hiboux ! Dans mon cartable, je mets : trois crayons, quatre araignées !

Oh, non, Grenadine !

Guide p. 29

Grenadine a dit...

🌀 **Écoute et joue.**

Grenadine a dit : « prends un crayon ! »

Grenadine a dit : « viens au tableau ! »

Donne-moi une gomme !

Guide p. 30

Moi, j'ai huit ans !

1 Regarde et écoute.

Unité 2

2 Écoute et associe.

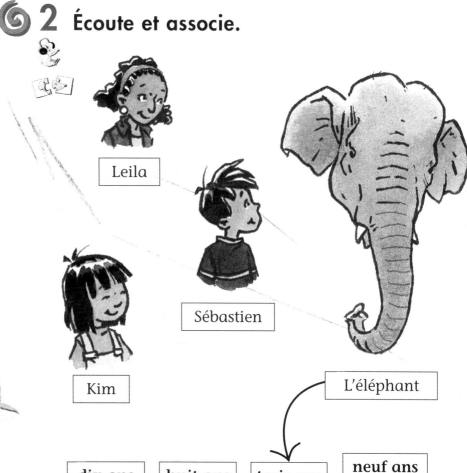

Leila

Sébastien

Kim

L'éléphant

dix ans   huit ans   trois ans   neuf ans et demi

De toutes les couleurs

1 **Écoute et regarde.**

1

2

3

4

5

6

7

8

2 **Écoute et montre le bon dessin.**

La ronde de l'alphabet

3 **Écoute et chante.**

A B C D
Allez, lance le dé !
E F G H
Tu joues à cache-cache ?
I J K L
Comment tu t'appelles ?
M N O P
Tu dois découper...

Q R S T
... Et aussi chanter !
U V W
Tu vas y arriver !
X Y Z
Allez viens : je t'aide !

« Vert » ou « verte » ?

4 Écoute et lève la main quand c'est différent.

1

2

3

4

5

6

7

La récré des sons

5 Écoute et ferme les yeux.

6 Écoute et répète.

7 Écoute et lis.

couleur	bonjour	trousse
souris	rouge	ours

Abracadabra !

Écoute et chante.

Abracadabra !
Le corbeau est jaune
comme un soleil !
Et ma souris est verte,
toute verte et c'est très
bien comme ça !

Guide p. 37

L'alphabet des couleurs

Regarde et joue.

Guide p. 37

N'oubliez pas le ballon !

1 **Regarde et écoute.**

Unité 3

- J'aime jouer !
- La ronde des nombres
- « Le » ou « la » ?
- La récré des sons ([ɔ̃], ballon)
- Viens dans mon pays !
- Grenadine a caché...

2 Écoute et associe.

Marion   Hugo   Thomas

corde à sauter

ballon

bateau

bateau

poupée

Une fille   Sébastien   Kim

21
vingt et un

Cahier p. 13 / Guide p. 39

Le chaudron de Grenadine

J'aime jouer !

1 **Écoute et regarde.**

> Grenadine, dessine !

1 colorier
to colorier
2 jouer
3 dessiner
4 sauter
5 chanter
6 danser
7 lire

2 **Écoute et associe.**

La ronde des nombres

3 **Écoute et chante.**

Dix, onze, douze, treize, quatorze, quinze, seize, dix-sept, dix-huit, dix-neuf, vingt, vingt et un !
Un, deux, abra... quatre, cinq, abracada... sept, huit, abracadabra !
dix, onze, abra... treize, quatorze, abracada... seize, dix-sept, abracadabra ! dix-neuf, vingt, abracadabra !

« Le » ou « la » ?

4 Écoute et montre le bon chaudron.

Le   La

La récré des sons

5 Écoute et ferme les yeux.

6 Écoute et répète.

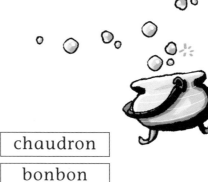

7 Écoute et lis.

ballon	crayon	chaudron
ronde	onze	bonbon

Viens dans mon pays !

Écoute et chante.

24
vingt-quatre

Guide p. 45

Grenadine a caché...

Regarde, trouve l'objet caché et joue.

Tu as bien compris ?

1 Écoute et montre qui parle.

1   2   3

2 Écoute et montre la bonne bulle.

J'ai dix-sept ans.

J'ai huit ans.

J'ai sept ans et demi.

3 Écoute et montre ce que c'est.

1 C'est un .   2 C'est une  .

3 C'est un .

4 Écoute et montre les bons dessins.

À toi de parler !

Regarde et parle.

Cahier p. 18

C'est l'heure du goûter !

1 Regarde et écoute.

Unité 4

- Mon panier
- La ronde des repas
- « Du », « de la » ou « des » ?
- La récré des sons ([ʃ], chocolat)
- S'il te plaît... Merci !
- Les dominos

2 Écoute et montre les bons dessins.

Mon panier

1 **Écoute et regarde.**

Bonjour monsieur !

Bonjour madame !

2 **Écoute et montre ce que Grenadine achète.**

La ronde des repas

3 **Écoute et chante.**

– Tic tac, tic tac, j'ai faim, c'est l'heure du petit déjeuner.
– Mmmm... Du lait, de la confiture et du pain beurré !
– Tic tac, tic tac, j'ai faim ! C'est l'heure du déjeuner.
– Mmmm... Des carottes, du riz et du poisson pané !
– Tic tac, tic tac, j'ai faim, c'est l'heure de mon goûter.
– Mmmm... Des pommes, du jus d'orange et de la crème glacée !
– Tic tac, tic tac, j'ai faim, c'est l'heure d'aller dîner.
– Mmmm... De la salade, du fromage et de la purée !

« Du », « de la » ou « des » ?

4 Écoute et montre le bon chaudron.

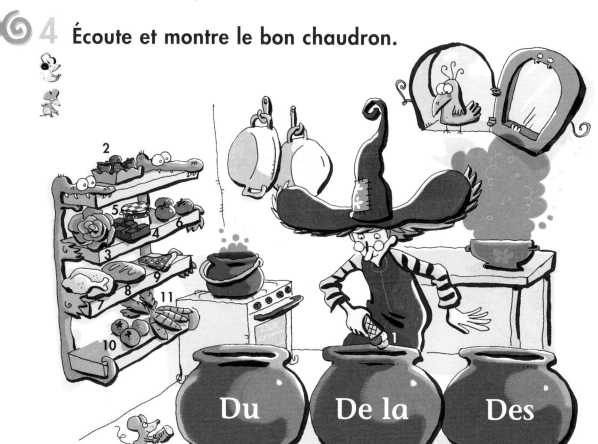

Du   De la   Des

La récré des sons

5 Écoute et ferme les yeux.

6 Écoute et répète.

7 Écoute et lis.

| chocolat | chanson | blanche |
| chapeau | chaudron | cache-cache |

S'il te plaît... Merci !

Écoute et chante.

Les dominos

🌀 **Lis, associe et joue.**

Le programme de la semaine

1 Regarde et écoute.

Unité 5

- Ma valise
- La ronde des jours
- « Le/la/un/une » ou « les/des » ?
- La récré des sons ([ã], dimanche)
- La semaine de Grenadine
- Grenadine a perdu son ombre !

2 Écoute et associe.

Mardi

Mercredi

Lundi

1 Fête

2 Piscine

Dimanche

Jeudi

3 Cirque

4 Vélo

5 Hugo dort

6 Château

Le chaudron de Grenadine

Ma valise

1 Écoute et regarde.

2 Écoute et montre ce que Grenadine met dans sa valise.

La ronde des jours

3 Écoute et chante.

Je vais à Bordeaux, lundi.
Tu vas à Marseille, mardi.
Il va à Strasbourg, mercredi.
Elle va à Toulouse, jeudi.
Nous allons à Lyon, vendredi.
Vous allez à Lille, samedi.
Et dimanche, ils vont à Paris.
Et dimanche, elles vont à Paris.

36
trente-six

Cahier p. 24 / Guide p. 60

« Le/la/un/une » ou « les/des » ?

4 Écoute et montre le bon chaudron.

Le – La Un – Une

Les Des

La récré des sons

5 Écoute et ferme les yeux.

6 Écoute et répète.

7 Écoute et lis.

orange	dimanche	blanc
enfant	manger	éléphant

La semaine de Grenadine

Écoute et chante.

Lundi ? Je prends mon cartable... Mardi ? Je prends mon cahier...

C'est aujourd'hui lundi... Tu vas à l'école !

Guide p. 63

Grenadine a perdu son ombre !

6 **Associe et montre l'intrus.**
Dis ce que Grenadine porte.

1 2 3 4 5

A B C D E F

Guide p. 64

Le voyage des enfants

C'est la fête !

1 Regarde et écoute.

Unité 6

2 Écoute et montre les bons dessins.

Mon anniversaire

1 **Écoute et associe.**

1 2 3
4 5 6 7 8 9
10 11 12 13
14 15 16
17 18 19 20
21 22 23 24
25 26 27
28 29 30 31

janvier
février
mars
avril
mai
juin
juillet
août
septembre
octobre
novembre
décembre

Marion

Thomas

Kim

Hugo

Sébastien

Leila

Grenadine

28

Juin

Marion

La ronde des dizaines

2 **Écoute et chante.**

– Vingt plus dix, trente ! Trente plus dix, quarante !
– Quarante araignées, c'est bien assez !
– Quarante plus dix, cinquante ! Cinquante plus dix, soixante !
– Soixante vieux hiboux, ça fait beaucoup !
– Soixante plus dix, soixante-dix ! Soixante-dix plus dix,
    quatre-vingt !
– Quatre-vingts corbeaux, c'est vraiment trop !
– Quatre-vingts plus dix, quatre-vingt-dix !
    Quatre-vingt-dix plus dix, cent !
– Cent petites souris, hi hi hi ! Ils sont tous partis !!!

unité 6

« Petit » ou « petite » ?

3 Regarde et associe les paires.

4 Écoute et montre les bons dessins.

La récré des sons

5 Écoute et ferme les yeux.

6 Écoute et répète.

7 Écoute et lis.

Hugo	confiture	purée
pull	jupe	nuage	salut

Le calendrier de Grenadine

Écoute et répète.

Le mémo de Grenadine

Associe les paires et joue.

Guide p. 72

1 Écoute et montre qui parle.

2 Écoute et montre ce qu'ils font.

1 On va au   2 On va à la   3 On va à la

3 Écoute et montre ce qu'ils mangent.

4 Écoute et montre le bon dessin.

Dans la chambre du roi !

1 **Regarde et écoute.**

2 Écoute et montre la chambre d'Hugo et la chambre du roi.

Ma maison

1 Écoute et regarde.

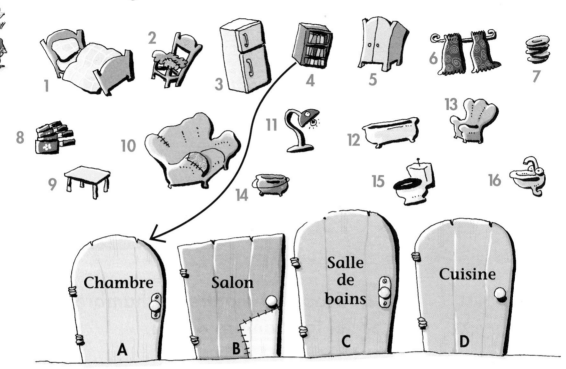

2 Écoute et associe.

La ronde des pièces

3 Écoute et chante.

Je suis dans ma chambre : caché dans mon lit
Tu es dans ta chambre : tu mets tes habits
Il est dans la cuisine : il mange des tartines
Il est neuf heures moins le quart... Nous allons être en retard !
Nous sommes dans la cuisine : nous mangeons des tartines
Vous êtes dans le salon, vous prenez des bonbons
Ils sont dans le salon : ils mettent leurs blousons
Il est neuf heures moins le quart... Nous allons être en retard !

À toi ou à moi ?

4 Écoute et montre le bon chaudron.

Mon Ma Mes

Ton Ta Tes

La récré des sons

5 Écoute et ferme les yeux.

6 Écoute et répète.

7 Écoute et lis.

| armoire | toi | baignoire |
| moi | poisson | miroir |

Quel désordre !

Écoute et chante.

Le jeu des différences

Regarde et dis quelles sont les différences.

A

B

Guide p. 79

Bienvenue à l'école Jacques Prévert !

1 Regarde et écoute.

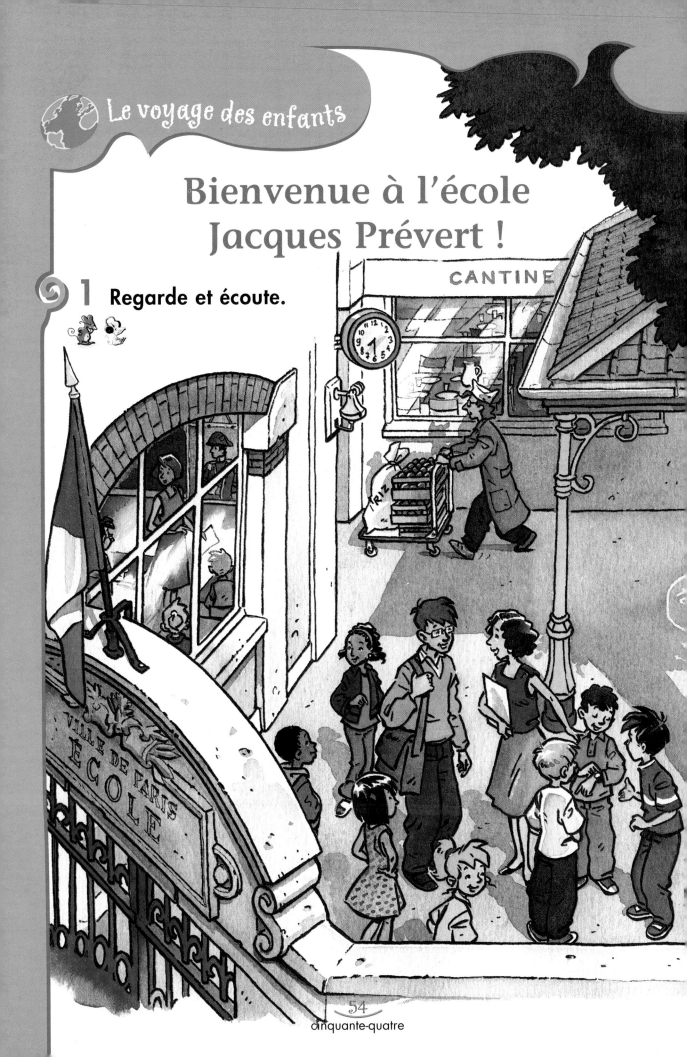

Unité 8

- Mon emploi du temps
- La ronde des heures
- « J'aime » ou « je n'aime pas » ?
- La récré des sons ([ɛ], pain)
- Grenadine fait des bêtises !
- Le loto des heures

2 Écoute et associe.

Cantine

Histoire   Récré

Français

Mon emploi du temps

1 Écoute et lis.

Français   Maths   Sciences   Histoire   Géographie

Anglais   Sport   Dessin   Musique

	Lundi	Mardi	Mercredi	Jeudi	Vendredi	Samedi
8h30 - 9h00	Histoire			Géographie	Maths	Anglais
9h00 - 10h00		Géographie				
10h00 - 10h15	Récré	Récré		Récré	Récré	Récré
10h30 - 11h30						Maths
11h30 - 12h00	Anglais				Histoire	Musique
12h30 - 13h00	Cantine	Cantine		Cantine	Cantine	
13h00 - 14h00	Récré	Récré		Récré	Récré	
14h00 - 15h15	Sciences			Sciences		
15h15 - 15h30	Récré	Récré		Récré		
15h30 - 16h30	Sport	Dessin		Musique		

2 Écoute et associe pour compléter l'emploi du temps.

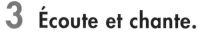

La ronde des heures

3 Écoute et chante.

– Quelle heure est-il,
madame Plaît-il ?
– Une heure moins le quart,
madame Placard.
– Quelle heure est-il,
madame Plaît-il ?
– Neuf heures moins sept,
madame Chaussettes.
– Quelle heure est-il,
madame Plaît-il ?

– Quatre heures et quart,
madame Placard.
– Quelle heure est-il,
madame Plaît-il ?
– Trois heures vingt-sept,
madame Chaussettes.
– Quelle heure est-il,
madame Plaît-il ?
– Je ne sais pas, madame Pizza.
– Tant pis pour toi !

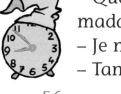

« J'aime » ou « je n'aime pas » ?

4 Écoute et montre le bon chaudron.

7 Je veux jouer.

8 Kim n'a pas les yeux bleus.

5 Mon cartable est vert.

6 Je ne veux pas dessiner.

4 Le soleil n'est pas gris.

3 Quentin n'aime pas les maths.

2 Je n'aime pas le poisson.

1 J'aime le chocolat.

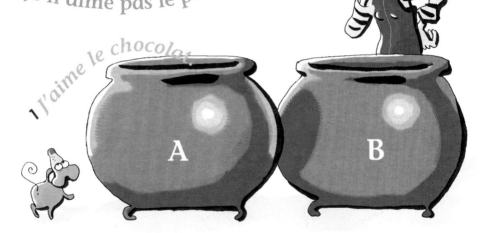

A   B

La récré des sons

5 Écoute et ferme les yeux.

6 Écoute et répète.

7 Écoute et lis.

quinze	dessin	pain
vingt	cinq	coussin

Grenadine fait des bêtises !

Écoute et chante.

Le loto des heures

🌀 **Regarde et joue.**

Je vais revoir ma sœur…

1 Regarde et écoute.

Unité 9

- Ma famille
- La ronde du corps
- « Je dessine » ou « je vais dessiner » ?
- La récré des sons ([ʒ], jupe)
- Aïe, aïe, aïe, j'ai mal !
- Les mots en désordre

2 Écoute et montre les bons dessins.

1
2
3
4
5
6

Ma famille

1 **Écoute et montre le bon dessin.**

1	Ma maman	3	Mon frère	5	Mon grand-père
2	Mon papa	4	Ma sœur	6	Ma grand-mère

La ronde du corps

2 **Écoute et chante.**

Tout au bout de ta jambe, il y a... ton pied !
Tout au bout de ton bras, il y a... ta main !
Tout au bout de ta main, il y a... tes doigts !
Tout au bout de ton cou, il y a... ta tête !
Tout au bout de ta tête, il y a... tes lunettes !

Cahier p. 42 / Guide p. 91

« Je dessine » ou « je vais dessiner » ?

3 **Écoute et montre le bon chaudron.**

6. Les enfants font une ronde.

8. Je vais m'habiller.

9. Grenadine lit un livre.

10. Nous allons écrire à monsieur Valette.

7. Grenadine va chanter une chanson.

4. Tu fais des maths.

1. Je vais dessiner un ballon.

2. Je dessine un chapeau.

3. Leila va faire du sport.

5. Les enfants jouent au ballon.

A   B

La récré des sons

4 **Écoute et ferme les yeux.**

5 **Écoute et répète.**

6 **Écoute et lis.**

étagère	jaune	jour	
jeudi	jupe	jambe	fromage

Aïe, aïe, aïe, j'ai mal !

Écoute et chante.

Aïe, aïe, aïe, j'ai mal à la tête ! Je vais préparer... un peu de potion : quatre oiseaux, deux crapauds et une grosse araignée...

Grenadine, quelle drôle d'idée !

Guide p. 93

Les mots en désordre

Regarde et joue à faire des mots.

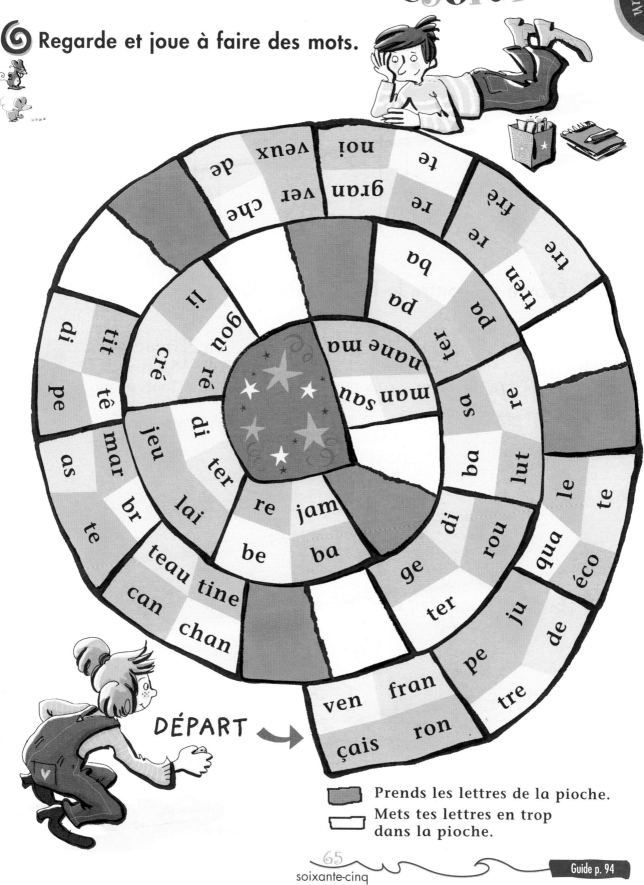

DÉPART

Prends les lettres de la pioche.
Mets tes lettres en trop dans la pioche.

Guide p. 94

Bilan 3
Tu as bien compris ?

1 Écoute et montre le bon dessin.

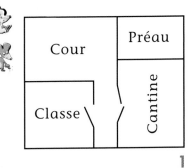

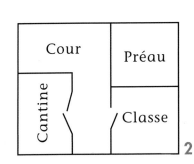

2 Écoute et montre le bon emploi du temps.

3 Écoute et montre où Grenadine a mal.

Aïe, aïe, aïe, j'ai mal !

66
soixante-six

Cahier p. 45

À toi de parler !

1 Dis ce qu'il y a chez toi.

Dans ma cuisine, il y a...

Cuisine
Chambre
Salon
Salle de bains

2 Dis ce que tu fais.

À ... heures, je ... !

Seules les transcriptions des pages « Le voyage des enfants » et les chansons des pages « Au pays de Grenadine » figurent ci-dessous (les transcriptions des activités sont disponibles dans le guide pédagogique).

Bonjour ! (pp. 6-7)

NARRATEUR.	*Les enfants arrivent à Paris.*
HUGO.	Ouah !... Regarde, Kim !
KIM.	Oui... regarde, Hugo !
GRENADINE.	Salut, c'est moi Grenadine ! Bonjour Kim ! Bonjour Hugo ! Bonjour les enfants !
KIM ET HUGO.	Bonjour Grenadine !
TOUS.	Bonjour Grenadine !
GRENADINE.	Ça va les enfants ?
TOUS.	Oui !

Vous êtes tous là ? (pp. 8-9)

NARRATEUR.	*Les enfants sont à l'arche de la Défense.*
M. VALETTE.	Vous êtes tous là ?
TOUS.	Oui !
M. VALETTE.	Un, deux, trois... quatre, cinq, six ! Très bien. Humm... Comment tu t'appelles, toi ?
THOMAS.	Moi, je m'appelle Thomas.
M. VALETTE.	Ah, oui, Thomas ! Et toi, tu t'appelles comment ? Heu... Leila, c'est ça ?
LEILA.	Leila, oui.
M. VALETTE.	Très bien ! Et moi, je m'appelle...
TOUS.	Monsieur Valette !

Dans mon cartable, je mets... (p. 12)

GRENADINE.	Bonjour les enfants, je vais à l'école ! Dans mon cartable, je mets... une trousse et deux hiboux !
ENFANTS.	Oh, non, Grenadine !
GRENADINE.	Dans mon cartable, je mets... trois crayons, quatre araignées !
ENFANTS.	Oh, non, Grenadine !
GRENADINE.	Dans mon cartable, je mets... cinq stylos et six corbeaux !
ENFANTS.	Oh, non, non, non, Grenadine !
GRENADINE.	Dans mon cartable, je mets... sept crayons et huit crapauds !
ENFANTS.	Oh, non, Grenadine !
GRENADINE.	Dans mon cartable, je mets... neuf cahiers et dix souris !
ENFANTS.	Oh, non, Grenadine !
GRENADINE.	Dans mon cartable, je mets... des bonbons, des bonbons !
ENFANTS.	Oh, oui, oui, oui, des bonbons !

Moi j'ai huit ans ! (pp. 14-15)

NARRATEUR.	*Les enfants visitent la galerie de l'évolution.*
THOMAS.	Oh ! c'est chouette ! Regardez là-bas, l'ours blanc !
SÉBASTIEN.	Et les flamants roses !
KIM.	Oh... regardez l'éléphant gris !
M. VALETTE.	Oui, Kim, c'est un bébé éléphant. Il vient d'Asie.
KIM.	Ah, moi aussi !
M. VALETTE.	Il a... trois ans !
KIM.	Moi, j'ai huit ans !
M. VALETTE.	Ah, ah ! Ah oui ? Et toi, Leila quel âge as-tu ? Tu as huit ans comme Kim ?
LEILA.	Non, moi j'ai neuf ans et demi.
M. VALETTE.	Et toi, Sébastien ?
SEBASTIEN.	Moi, j'ai dix ans !
KIM.	Et vous, monsieur Valette, vous avez quel âge ?
M. VALETTE.	Bah !...
TOUS.	Ah, ah, ah !

Abracadabra ! (p. 18)

GRENADINE.	Ouh ! là, là ! Que c'est triste tout ça ! Abracadabra ! Abracadabra ! Le soleil est gris comme l'éléphant !
ENFANTS.	Oh ! Le soleil est gris, tout gris !
GRENADINE.	Abracadabra ! L'éléphant est blanc, comme un nuage !
ENFANTS.	Oh ! L'éléphant est blanc, tout blanc !
GRENADINE.	Abracadabra ! Le nuage est noir comme un corbeau !
ENFANTS.	Oh ! Le nuage est noir, tout noir !
GRENADINE.	Abracadabra ! Le corbeau est jaune comme un soleil !
ENFANTS.	Oh ! Le corbeau est jaune, tout jaune.
GRENADINE.	Et ma souris est verte, toute verte, et c'est très bien comme ça !

N'oubliez pas le ballon ! (pp. 20-21)

NARRATEUR.	*Les enfants jouent au jardin du Luxembourg.*
M. VALETTE.	C'est ton bateau, Marion, le bateau vert, le numéro 17, là-bas ?

MARION.	Non, ce n'est pas mon bateau : le 17, c'est le bateau de Thomas !
M. VALETTE.	Ah bon ! D'accord !
MARION.	Mon bateau, c'est le 12, là. Le bateau bleu.
M. VALETTE.	Ah bon !
M. VALETTE.	Bon, allez, les enfants, on y va !
TOUS.	Oh, non !
M VALETTE.	Et n'oubliez pas le ballon !
MARION.	C'est le ballon de Sébastien !
SÉBASTIEN.	Ah oui, mon ballon ! Merci Marion !
M. VALETTE.	Et la corde à sauter de Kim !

Viens dans mon pays ! (p. 24)

| GRENADINE. | J'aime jouer...
Jouer des tours de magie !
J'aime chanter...
Chanter sous la pluie !
J'aime lire... Lire toute la nuit !
Viens dans mon pays ! |

C'est l'heure du goûter ! (pp. 28-29)

NARRATEUR.	*Les enfants font du vélo à la Villette.*
M. VALETTE.	Venez vite, c'est l'heure du goûter !
HUGO.	Chouette ! J'ai faim !
M. VALETTE.	Il y a du chocolat, du pain, des oranges, des bananes et de l'eau. Tiens Thomas, voilà du chocolat pour toi, une...
THOMAS.	Du chocolat ? Non merci. Je n'aime pas le chocolat. Je voudrais une orange.
HUGO.	Mmmm, du chocolat ! J'adore ça !
M. VALETTE.	Eh ! Attends, Hugo ! Tiens, voilà du chocolat.
HUGO.	Merci.
M.VALETTE.	Et toi, Marion tu veux une banane ?
MARION.	Oui, j'aime bien les bananes !
M. VALETTE.	Bon appétit les enfants !
HUGO.	Leila, passe-moi du pain... ch'il te plaît.
LEILA.	S'il te plaît ! Tiens...
HUGO.	Merci !
SÉBASTIEN.	Oh... regardez le canard ! Il mange le pain !
TOUS.	Bon appétit ! Ah, ah, ah !

S'il te plaît... Merci ! (p. 32)

GRENADINE.	Passe-moi du chocolat !
SOURIS.	Non, non, Grenadine, il faut être polie, sapristi !
GRENADINE.	Bon d'accord : s'il te plaît passe-moi, du chocolat !
SOURIS.	C'est bien mieux comme ça. Voilà...
GRENADINE.	Merci !
GRENADINE.	Moi, je veux du lait !
SOURIS.	Non, non, Grenadine, il faut être polie, sapristi !
GRENADINE.	Bon d'accord : s'il te plaît je voudrais bien du lait !
SOURIS.	Tu fais des progrès ! Voilà...
GRENADINE.	Merci !
GRENADINE.	Eh, donne-moi du pain beurré !
SOURIS.	Non, non, Grenadine, il faut être polie, sapristi !
GRENADINE.	Bon, d'accord : s'il te plaît donne-moi du pain beurré.
SOURIS.	Maintenant c'est parfait ! Voilà...
GRENADINE.	Merci ! Hips !... Oh, j'ai trop mangé !

Le programme de la semaine (pp. 34-35)

NARRATEUR.	*Les enfants découvrent le programme de la semaine.*
MARION.	Eh ! Sébastien, tu vois le programme de la semaine ?
SÉBASTIEN.	Oui... aujourd'hui, lundi, nous allons à la piscine...
MARION.	Super, je vais mettre mon maillot bleu !
SÉBASTIEN.	Humm, mardi, on va au cirque, et mercredi, c'est la fête des enfants du monde.
HUGO.	Ouais, super ! On va se déguiser !
KIM.	Je vais me déguiser en princesse, avec une grande robe !
THOMAS.	Et jeudi, on va où ?
SÉBASTIEN.	Nous allons au château de Versailles...
HUGO ET KIM.	Et vendredi ?
SÉBASTIEN.	Vendredi ? On va visiter une école. Et samedi, on va au Parc Astérix !
TOUS.	Youpi !
HUGO.	Et dimanche : on dort !
TOUS.	Ah, ah, ah !

La semaine de Grenadine (p. 38)

| SOURIS. | C'est aujourd'hui lundi...
Tu vas à l'école ! |
| GRENADINE. | Lundi ? Heu... Je prends mon cartable. |

SOURIS.	C'est aujourd'hui mardi... Tu vas à l'école !
GRENADINE.	Mardi ? Je prends mon cahier !
SOURIS.	C'est aujourd'hui jeudi... Tu vas à l'école !
GRENADINE.	Jeudi ? Heu… Je prends mon crayon.
SOURIS.	C'est aujourd'hui vendredi... Tu vas à l'école !
GRENADINE.	Vendredi ? Je…, je prends mon chapeau.
SOURIS.	C'est aujourd'hui samedi... Tu vas à l'école !
GRENADINE.	Samedi ? Je prends mon balai. Dimanche ? Je prends mon goûter. Et voilà !
SOURIS.	C'est dimanche, Grenadine ! L'école est fermée !

C'est la fête ! (pp. 40-41)

NARRATEUR.	*Aujourd'hui, c'est mercredi : c'est la fête !*
M. VALETTE.	La fête commence ! Vous êtes tous déguisés ?
TOUS.	Oui !
M. VALETTE.	Dis-moi, Marion, aujourd'hui, c'est le 28 juin, non ?
MARION.	Heu, oui…
M. VALETTE	Et tu as huit ans ! C'est ton anniversaire !
TOUS.	Joyeux anniversaire, joyeux anniversaire, joyeux anniversaire Marion… Joyeux anniversaire ! Bravo ! Bravo ! Ouais !
MARION.	Oh, là, là ! Le gros gâteau !
TOUS.	Bon anniversaire Marion !
KIM.	Ouvre le grand paquet !
MARION.	Oh, chouette ! Une poupée !
HUGO.	Regarde : elle a les cheveux longs et blonds, comme toi !
MARION.	Ah, oui… et les yeux noirs comme Kim !
THOMAS.	Allez, ouvre ! Ouvre le petit paquet !
MARION.	Oh ! Un petit ours brun ! Merci Thomas !

Le calendrier de Grenadine (p. 44)

ENFANTS.	Dans une année, il y a douze mois... Janvier, février...
GRENADINE.	C'est le carnaval !
ENFANTS.	Mars, avril...
GRENADINE.	Poisson d'avril !
ENFANTS.	Mai, juin...
GRENADINE.	L'école est finie !
ENFANTS.	Juillet, août...
GRENADINE.	Vive les vacances !
ENFANTS.	Septembre, octobre...
GRENADINE.	C'est la fête des sorcières !
ENFANTS.	Novembre, décembre...
GRENADINE.	Joyeux Noël !

Dans la chambre du roi ! (pp. 48-49)

NARRATEUR.	*C'est jeudi, les enfants sont au château de Versailles.*
M. VALETTE.	Voilà, nous sommes dans la chambre du roi...
KIM.	Oh... regardez ! Le grand miroir ! Et le fauteuil !
LEILA.	Et les rideaux, comme c'est beau !
MARION.	Oui... Et le lit, regarde, il y a plein de coussins sur le lit... Et puis ça brille ! Je voudrais un lit comme ça dans ma chambre.
SÉBASTIEN.	Où est-ce qu'il range ses vêtements ? Il n'y a pas d'armoire !
LEILA.	Je ne sais pas, mais sa chambre est bien rangée !
HUGO.	Et ben moi, je préfère ma chambre en désordre, avec mes jouets partout !
TOUS.	Ah, ah, ah !

Quel désordre ! (p. 52)

GRENADINE.	Ouh ! là, là ! Quel désordre ! Où est mon pull ? Où est mon pull ? Sous la chaise ? Sur la table ?
ENFANTS.	Grenadine, j'ai trouvé !
GRENADINE.	Merci, je vais ranger !
GRENADINE.	Ouh ! là, là ! Quel désordre ! Où est ma jupe ? Où est ma jupe ? Dans la chambre ? Sur le lit ?
ENFANT.	Grenadine, j'ai trouvé !
GRENADINE.	Merci, je vais ranger !
GRENADINE.	Ouh ! là, là ! Quel désordre ! Où est mon chapeau ? Où est mon chapeau ? Sous le tapis ? Dans le frigo ?
ENFANTS.	Grenadine, j'ai trouvé !
GRENADINE.	Merci, je vais ranger !
GRENADINE.	Ouh ! là, là ! Je ne vois rien ! Où sont mes lunettes ? Où sont mes lunettes ? Dans le fauteuil ? Sous le coussin ?

| ENFANTS. | Grenadine, j'ai trouvé ! Elles sont sur ta tête ! |
| GRENADINE. | Saperlipopette ! |

Bienvenue à l'école Jacques Prévert ! (pp. 54-55)

NARRATEUR.	*Aujourd'hui, vendredi, les enfants visitent une école.*
LA DIRECTRICE.	Bonjour les enfants !
TOUS.	Bonjour madame !
LA DIRECTRICE.	Bienvenue à l'école Jacques Prévert ! Alors, voici Quentin. Il va vous faire visiter l'école.
QUENTIN.	Salut !
TOUS.	Salut Quentin !
QUENTIN.	Bon, alors là, on est dans la cour de récréation des grands. Là, à droite, c'est le préau... À dix heures, c'est la récré : on joue tous dans la cour.
SÉBASTIEN.	Et ta classe, elle est où ?
QUENTIN.	Ma classe ? Elle est là. Tu vois ? À gauche, à côté de la cantine.
LEILA.	Ah oui, je vois ! Qu'est-ce qu'ils font ?
QUENTIN.	Là, heu... à huit heures et demie ils font... de l'histoire ! On va aller dans ma classe à neuf heures, pour le cours de français.
LEILA.	Ah, chouette !
QUENTIN.	Et à midi et demi, nous irons manger à la cantine.
HUGO.	Mmmm, j'ai déjà faim !
TOUS.	Ah, ah, ah !

Grenadine fait des bêtises ! (p. 58)

GRENADINE.	Moi, j'aime bien aller à l'école !
ENFANTS.	Grenadine, ne fais pas de bêtises !
GRENADINE.	Je mets des limaces dans ma classe !
ENFANTS.	Grenadine, ne fais pas de bêtises !
GRENADINE.	Je lance des tartines à la cantine !
ENFANTS.	Grenadine, ne fais pas de bêtises !
GRENADINE.	Je fais des croche-pieds à la récré !
ENFANTS.	Grenadine, ne fais pas de bêtises !
GRENADINE.	Je cache des crapauds dans le préau !
ENFANTS.	Grenadine, ne fais pas de bêtises !
GRENADINE.	Et à quatre heures et demie, je dis youpi !
ENFANTS.	L'école est finie ! Youpi !

Je vais revoir ma sœur ! (pp. 60-61)

| NARRATEUR. | *Aujourd'hui, samedi, les enfants sont au parc Astérix.* |

M. VALETTE.	Alors les enfants, votre voyage est bientôt fini...
MARION.	Oh, oui, je suis contente : je vais revoir ma petite sœur !
HUGO.	Et moi, mon grand frère !
SÉBASTIEN.	Moi, je vais rester en France, je suis invité chez un cousin à Marseille.
LEILA.	Moi, je voudrais inviter Kim chez moi, en Tunisie.
M. VALETTE.	C'est une bonne idée !... Bon, alors, qui veut faire un tour ?
TOUS.	Moi !
THOMAS.	Heu... non, moi j'ai mal à la tête.
M. VALETTE.	Ah, bon ?
THOMAS.	Et puis, j'ai un peu peur...
M. VALETTE.	Oh !..., ah, ah !

Aïe, aïe, aïe ! J'ai mal ! (p. 64)

GRENADINE.	Ouille, ouille, ouille ! Aïe, aïe aïe ! J'ai mal à la tête !
ENFANTS.	Grenadine, Grenadine, qu'est-ce que tu vas faire ?
GRENADINE.	Je vais préparer... un peu de potion : quatre oiseaux, deux crapauds et une grosse araignée. Et glou, et glou, et glou, et glou... Hips !
ENFANTS.	Grenadine, quelle drôle d'idée ! Qu'as-tu encore fait ?
GRENADINE.	Ouille, ouille, ouille ! Aïe, aïe, aïe ! J'ai très mal au cou !
ENFANTS.	Grenadine, Grenadine, qu'est-ce que tu vas faire ?
GRENADINE.	Je vais préparer... un peu de potion : cinq cheveux, deux grandes dents, et des ongles de petite fille. Et glou, et glou, et glou, et glou... Beurk !
ENFANTS.	Grenadine, quelle drôle d'idée ! Qu'as-tu encore fait ?
GRENADINE.	Ouille, ouille, ouille ! Aïe, aïe, aïe ! J'ai très mal au ventre !
ENFANTS.	Grenadine, Grenadine, qu'est-ce que tu vas faire ?
GRENADINE.	Je vais préparer... un peu de potion : cinq bonbons, un verre de lait et trois petits gâteaux. Et glou, et glou, et glou, et glou... Mmmm !
ENFANTS.	Grenadine, quelle bonne idée ! Grenadine, fais-nous goûter !

Imprimé en Italie par Vincenzo Bona
Dépôt légal n° 07/2007 - Collection n° 46 - Edition n° 03
15/5469/0